FACULTÉ DE DROIT DE PARIS.

THÈSE

POUR LA LICENCE.

L'acte public sur les matières ci-après sera soutenu
le jeudi 6 décembre 1855, à onze heures,

Par FRANÇOIS-ARTHUR GOUTANT, né à Omont (Ardennes).

Président, M. ROYER-COLLARD, Professeur.

Suffragants:	MM. VALETTE,	Professeurs.
	ORTOLAN,	
	MACHELARD,	
	DEMANGEAT,	Suppléant.

Le Candidat répondra en outre aux questions qui lui seront faites sur les autres matières de l'enseignement.

PARIS,
VINCHON ET CHARLES DE MOURGUES,
Imprimeurs de la Faculté de Droit,
RUE J.-J. ROUSSEAU, N° 8.

1855.

A MON PÈRE, A MA MÈRE,

JUS ROMANUM.

DE FIDEJUSSORIBUS ET MANDATORIBUS.

(Dig., lib. XLVI, tit. 1; Novella IV; Gaii comm. III, § 115-127.)

Fidejussor is est qui stipulatione id quod alius debet promittit et debitoris obligationi accedit.

Mandator is est qui alio quiddam credere mandat.

Erant et antiquo Romanorum jure civibus romanis sponsores, fidepromissores autem peregrinis; inter se et a fidejussoribus distinguebantur verbis quibus interrogati fuerant; quæ quidem verba erant : sponsoribus, idem spondes-ne? fidepromissoribus, idem fidepromittis-ne? denique fidejussoribus, idem fide tua esse jubes? et iisdem verbis respondebatur : Idem spondeo, idem fidepromitto, idem fide mea esse jubeo.

Sponsorum et fidepromissorum prope similis erat conditio : nullis enim obligationibus nisi verborum accedere poterant; in Italia, lege Furia lata, biennio liberabantur et in tot partes actio creditoris dividebatur quot erant sponsores vel fidepromissores eo tempore quo pecunia peti poterat; lex Apuleia inter eos quamdam societatem introduxit, qua repetere poterant, actione socii, id quod plus quam suas partes exsolverant; denique illorum hæredes non tenebantur. Equidem non satis securum creditorem faciebant et usus eorum exolescere, fidejussorum autem crescere cœpit.

De fidejussoribus igitur tantum nunc agendum est.

Fidejussores omnibus obligationibus, sive re, sive verbis, sive litteris, sive consensu contractis accedere possunt; nec refert an sit civilis, vel naturalis obligatio cui adjiciantur; dum sit aliqua, tenentur; uxori tamen, restituendæ dotis causa fidejussorem accipere non licet, quia sese suamque dotem marito credidit, nec præbere suspicionem debet quæ inimicitiam in connubio gigneret. Tenentur in perpetuum et hæredes obligatos relinquunt. Tenentur et in solidum : poterat igitur creditor, antiquo jure, relicto reo, unum e fidejussoribus quotquot erant numero eligere et huic, quum exsolverat, nulla adversus cofidejussores incumbebat actio et omne detrimentum suum erat, quum actione mandati vel negotiorum gestorum a reo principali qui solvendo non erat, nihil recuperavisset. Sed divus Hadrianus epistola novum introduci beneficium voluit quod divisionis vocatur et creditorem compelli posse partes suas a singulis petere qui modo solvendo sunt. Si unus solvendo non sit ante divisam actionem, pars illius cæterorum partes onerat; si postea, solius creditoris detrimentum erit.

Fidejussoris quidem obligatio accessoria et ad confirmandam obligationem rei principalis. Fidejussor igitur duriori vinculo quam reus teneri potest, sed non in aliam rem, nec in majorem quantitatem : in accessione plus esse quam in re principali non potest. Plus intelligitur non solum in quantitate, quum fidejussor decem promittit dum reus quinque tantum debeat, sed etiam tempore, vel conditione et aliquoties loco; puta si fidejussor pure vel statim vel loco remoto promittit, quod reus sub conditione, vel certo tempore, vel propinquo loco debet; quum sic promisit fidejussor, placuit eum omnino non obligari. Fidejussor in minus contra obligari semper potuit.

Fidejussor non obligari potest ei apud quem reus promittendi non obligatur; si filius a patre vel servus a domino stipulatur, fidejussor acceptus non tenetur, quia pro eodem et eidem non obligari potest; at patre a filio aut domino a servo stipulato fidejussor acceptus non tenetur. Ex senatusconsulto Velleiano fidejubere non possunt mulieres, nisi in rem suam; item servi nisi in rem peculiarem, nec illi tandem qui stipulatione obligari non possunt, nam fidejussio stipulatio est. Si quis pro pupillo sine tutoris auctoritate obligato, pro prodigo, vel furioso fidejusserit, non tenetur, quia ipsa stipulatio nulla intercessit, et negotium quidem ullum intellectum fuisset. Sin autem jure obligato pro furioso fidejussor acceptus est, tenetur.

Fidejussio et præcedere obligationem et sequi potest; quum autem præcedit, in pendenti est donec reus ipse debeat; in hoc a mandato differt; mandatoris enim obligatio, obligationem principalem quasi suadet et ideo præcedit, ita ut sit sua cuique obligatio, mandatori et reo; fidejussor autem jam contractam obligationem firmat. Hinc sequitur ut si fidejussor quod debetur creditori præstet, obligatio exstinguitur, reus cæterique fidejussores liberantur et cui solvit sola actio mandati vel negotiorum gestorum supercst adversus reum principalem; mandator, contra, suo nomine solvit, non debitoris in quem actio creditoris cum pignoribus et hypothecis manet; mandator hac actione, qua semper servata et cessa usus est, coercebit debitorem ut sibi quod solvit restituat.

Idem fere beneficium, seu usu forensi, seu moribus populi romani introductum est, quo fidejussoribus succurritur, quod cedendarum actionum beneficium vocatur : Qui enim solidum creditori solvere paratus est, ab illo petit ut actiones adversus reum cedat; tunc nihil in solutum dare censetur, sed quodam modo in emptionem nominis debitoris, cum pignoribus et hypothecis.

Erat et hæc alia inter fidejussorum et mandatorum cæterum similem conditionem dissidentia: creditor, relicto reo, unumquemque e fidejussoribus eligere poterat, sed lite contestata cæteri liberabantur; hoc nunquam pertinuit mandatoribus et semper licuit creditori quem eligerat relinquere et in alium agere. Justinianus hanc differentiam constitutione sustulit, voluitque creditorem, donec omne debitum recipiat, agere posse vicissim in quemlibet vel rei vel fidejussorum.

Tertium denique quarta novella beneficium ordinis seu discussionis, quod antiquo jure vigebat sed postea exoleverat, restituit. Hoc beneficio fidejussor creditorem agentem compellit, ut ad eum veniat qui obligationem principalem contraxit nec revertat ad se, nisi ab illo omne debitum receperit et pro eo tantum quod non accepit. Si absens sit reus nec conveniri possit, judex dabit tempus fidejussori volenti principalem deducere et illum per quod tempus a creditore tuebitur.

Fidejussor quod solvit variis actionibus repetere potest, quæ quidem olim sponsoribus et fidepromissoribus pertinebant. Si pro reo mandante, aut præsente et sciente fidejusserit utetur actione mandati; si pro absente et ignorante, actione negotiorum gestorum; si contra pro præsente et nolente, nulla illi erit actio; fidejussisse enim censetur animo donandi. Erat tamen actio depensi, propria sponsoribus, qua in duplum agebatur adversus inficiantem debitorem.

Non possunt conveniri fidejussores quum reus liberatur non solum solutione sed etiam quum novatione, vel transactione, vel exceptione in rem.

POSITIONES.

I. Fidejussor tenetur quum usumfructum promisit, reus autem fundum.

II. Si mulier contra Velleianum sese obligaverit, fidejussor acceptus non tenetur.

III. Inficiantibus fidejussoribus beneficium divisionis non indulgetur.

IV. Fidejussor acceptus pro furioso jure obligato tenetur.

V. Obligatio non jure dividitur inter cofidejussores.

VI. Priusquam omne debitum exsolvatur stipulator cogi non potest ut fidejussori actiones cedat.

DROIT FRANÇAIS.

DES OBLIGATIONS SOLIDAIRES.

(Code Nap., art. 1197-1216.)

Lorsque plusieurs personnes stipulent d'une autre la même chose, elles peuvent, par une convention expresse, s'associer et réunir leurs créances en une seule. Autrement dit, elles peuvent se donner et accepter réciproquement mandat à l'effet de poursuivre chacune pour le tout le remboursement de la créance commune et de faire tous les actes nécessaires à sa conservation et à son amélioration; c'est ce qu'on appelle stipuler la solidarité entre créanciers.

Lorsqu'il en a été ainsi et que le débiteur n'ayant été prevenu par aucune poursuite, paye entre les mains de l'un ou de l'autre des créanciers, ou qu'il paye entre les mains d'un créancier poursuivant, il est libéré envers tous les autres; car bien qu'il soit tenu *in solidum* envers chacun d'eux, il ne l'est qu'une seule fois et de telle sorte qu'un seul payement éteigne contre lui toute action. Si le débiteur avait été prévenu par les poursuites de l'un de ses créanciers, il ne pourrait plus en choisir un à qui il remettrait les fonds, il serait obligé de payer entre les mains de celui qui l'a poursuivi.

Du principe que les créanciers solidaires sont mandataires les uns des autres pour conserver et améliorer la créance commune, il résulte que tous peuvent se prévaloir de tous les actes non nuisibles à l'intérêt commun, faits par l'un d'eux, comme s'ils les avaient faits eux-mêmes. Ainsi, la prescription interrompue par l'un d'eux est interrompue au profit de tous; la mise en demeure du débiteur par l'un d'eux le met en demeure à l'égard de tous; la demande en justice d'un seul fait courir les intérêts au profit de tous; l'hypothèque consentie à l'un d'eux profite à tous les autres, et il en est de même du gage, de l'antichrèse et de la caution.

Lorsque l'un des créanciers a reçu tout ce qui était dû, les autres ont contre lui une action en recours, mais seulement pour leur part et portion virile, à moins, toutefois, que la part afférente à chacun n'ait été déterminée par une convention particulière.

DE LA SOLIDARITÉ ENTRE DÉBITEURS.

Nous venons de voir quels effets produisait la solidarité entre créanciers. Cette solidarité est d'un usage peu fréquent dans notre droit, car chaque créancier tient à conserver en entier et pour lui seul ses droits contre son débiteur et hésite toujours à se constituer un mandataire irrévocable dont l'insolvabilité pourrait tourner à son préjudice. Mais il est une autre solidarité plus fréquente et plus profitable au créancier, c'est celle qui s'établit entre plusieurs débiteurs de la même dette. Lorsque plusieurs personnes s'engagent à donner la même chose à la même personne, elles peuvent déroger au droit commun suivant lequel elles ne seraient tenues que chacune pour sa part et s'associer de façon à ne former vis-à-vis du créancier qu'une seule personne, représentée par chacune d'elles. En d'autres termes, les débiteurs de la même dette peuvent se donner et accepter réciproquement mandat de payer au créancier toute la dette et de recevoir au nom de tous toutes poursuites et actes conservatoires.

Pour que l'obligation soit solidaire il faut que la même chose soit due par chacun des obligés, mais il n'est pas nécessaire qu'ils la doivent tous de la même manière. Dans une obligation solidaire certains débiteurs peuvent être tenus purement et simplement, d'autres à terme ou sous condition.

La solidarité ne se présume pas, dit l'art. 1202. Il faut donc qu'elle soit stipulée d'une manière expresse; telle est la règle générale. Mais le même article y apporte une restriction et dit que la solidarité a lieu de plein droit en vertu d'une disposition de la loi dans certains cas déterminés : 1° lorsqu'une femme veuve contracte un second mariage, son nouvel époux est solidairement responsable avec elle des suites de la tutelle qu'elle a indûment gérée ou qui lui a été conservée par le conseil de famille; 2° les exécuteurs testamentaires sont solidairement responsables du compte du mobilier qui leur a été confié; 3° le conjoint survivant et le subrogé tuteur sont solidairement responsables du défaut d'inventaire dans l'hypothèse de l'art. 1442; 4° les différents locataires d'une maison incendiée sont solidairement responsables de la valeur de cette maison; 5° les emprunteurs à usage de la même chose en sont solidairement responsables envers le prêteur; 6° les comandants sont envers leur mandataire solidairement responsables des suites du mandat; 7° les associés en matière commerciale sont toujours tenus solidairement; 8° les individus condamnés pour un même crime ou pour un même délit sont tenus solidairement des amendes, dommages et intérêts auxquels ils sont condamnés.

DES EFFETS DE LA SOLIDARITÉ.

1° Le créancier d'une obligation contractée solidairement peut poursuivre l'un ou l'autre de ses débiteurs et le poursuivre pour le tout, sans que celui-ci puisse lui opposer le bénéfice de division. Dans l'ancien droit quelques jurisconsultes accordaient ce bénéfice au débiteur poursuivi ; Pothier, d'un autre côté, considérait que ce débiteur était tenu pour le tout et ne pouvait se soustraire à l'exécution de son obligation ; c'est cette opinion qu'a reproduite l'art. 1203. Le débiteur poursuivi peut néanmoins appeler ses codébiteurs en cause, non pas pour faire fractionner la condamnation entre eux et lui, mais pour faire statuer par un seul et même jugement sur la demande en garantie qu'il peut leur intenter.

2° Les poursuites faites contre l'un des débiteurs n'empêchent pas le créancier d'en exercer de pareilles contre les autres.

Chez les Romains, au contraire, dès l'instant que l'un des débiteurs était poursuivi, tous les autres étaient libérés; c'était un effet de la *litis contestatio* qui opérait novation et changeait l'ancienne créance en une créance nouvelle sur le débiteur contre qui l'action était donnée. Cette novation judiciaire, déjà abolie par Justinien, n'a jamais été admise dans notre droit ; mais les rédacteurs du Code ont cru devoir s'expliquer à cet égard, et réserver expressément les droits du créancier.

3° Lorsque la chose due a péri par la faute ou pendant la demeure de l'un des débiteurs, chacun d'eux reste, vis-à-vis du créancier, débiteur solidaire d'une somme représentative de la valeur de la chose périe. Quant aux dommages et intérêts, s'il y a lieu, ils restent à la charge de celui par la faute ou pendant la demeure duquel la chose a péri. Voici comment on justifie cette théorie : les codébiteurs solidaires sont mandataires les uns des autres à l'effet de payer la totalité de la dette, ce qui revient à dire qu'ils sont garants l'un de l'autre tant que la dette existe. Or, ce mandat, cette garantie se bornent exclusivement à la somme due en vertu de l'obligation, et non aux extensions que peut donner à la dette la faute ou la demeure de l'un d'eux. Ainsi, quand la chose vient à périr, la dette n'est pas éteinte; elle n'est pas augmentée non plus; son objet seul est changé. Par conséquent, les débiteurs solidaires sont toujours tenus. Les dommages et intérêts, au contraire, ne sont pas à leur charge, car ce sont des extensions de l'obligation, qui n'ont pas été comprises dans le mandat qu'ils se sont réciproquement donné. C'est ce que l'on traduit par cette double règle, que la faute de l'un des débiteurs solidaires préjudicie à ses codébiteurs *ad conservandam et perpetuendam obligationem*, mais qu'elle ne leur préjudicie pas *ad augendam obligationem*.

Que décider au cas où les dommages et intérêts ont été à l'avance fixés par une clause pénale ?

Dumoulin et Pothier pensaient que lorsque la clause pénale était encourue par la faute ou la demeure de l'un des débiteurs solidaires, les autres étaient tenus solidairement de payer la somme fixée, lors même qu'elle était supérieure à la valeur de la chose périe, et ils raisonnaient ainsi : la clause pénale est une seconde convention accessoire à la première et faite sous cette convention suspensive, si la première convention n'est pas exécutée par la faute de l'un des débiteurs; la faute de l'un des débiteurs fait donc réaliser la condition sous laquelle chacun d'eux est tenu de payer le montant de la clause pénale. La même théorie doit encore être admise sous l'empire du Code, bien qu'aucun texte ne l'établisse d'une manière formelle. Elle se trouve, en effet, implicitement consacrée par l'art. 1207, d'une part, aux termes duquel la demande d'intérêts formée contre l'un des débiteurs solidaires fait courir les intérêts à l'égard de tous, intérêts qui ne sont que le montant d'une clause pénale tacite; et par l'art. 1232, d'autre part, aux termes duquel la clause pénale, accessoire à une obligation indivisible, est encourue par le fait ou la faute de l'un des débiteurs. Par un *a fortiori* très-logique, on applique la même règle aux débiteurs solidaires, qui sont bien plus énergiquement tenus vis-à-vis du créancier que les débiteurs d'une chose indivisible.

4° La demande d'intérêts formée contre l'un des débiteurs solidaires fait courir les intérêts à l'égard de tous. Telle n'était pas l'opinion de Dumoulin et de Pothier : considérant d'un côté que les débiteurs solidaires sont mandataires les uns des autres *ad conservandam et perpetuendam* et non *ad augendam obligationem*, de l'autre, que la demande en justice rend la dette plus onéreuse, puisqu'elle la rend productive d'intérêts, ils tiraient cette conséquence que les intérêts ne devaient courir que contre le débiteur poursuivi. Les rédacteurs du Code ont suivi un autre système : ils n'ont vu dans les intérêts que fait courir une demande en justice, que le montant, fixé par la loi elle-même, d'une clause pénale tacite, prévue et acceptée par chacun des débiteurs, et ont décidé, en conséquence, que la demande en justice formée contre l'un de ces derniers ferait courir les intérêts contre tous les autres. Cette disposition de la loi amène du reste un résultat bien favorable aux débiteurs, en leur évitant les frais qu'occasionnerait une demande particulière formée contre chacun d'eux.

5° Les poursuites faites contre l'un des débiteurs solidaires interrompent la prescription à l'égard de tous. Dès là, en effet, que l'un d'eux est poursuivi, tous sont réputés l'être, puisqu'ils sont mandataires les uns des autres à l'effet de recevoir les poursuites du créancier.

Tels sont les effets que produit la solidarité conventionnelle entre les débiteurs, c'est-à-dire entre personnes qui se connaissent toutes, qui se sont pour ainsi dire choisies et ont consenti à ne former vis-à-vis du créancier qu'une seule personne représentée par chacune d'elles. Dans les cas où il n'y a pas eu stipulation expresse, dans les cas de solidarité légale, faut-il appliquer les mêmes règles aux débiteurs, ou dire que ces derniers sont seulement tenus *in solidum?* Il faut distinguer entre les différents cas de solidarité légale; n'appliquer les règles de la solidarité conventionnelle, ou solidarité parfaite, qu'au cas où l'idée d'un mandat pourra être admise entre les débiteurs, et ne voir dans les autres obligations que la loi a déclarées solidaires qu'un simple lien *in solidum* ou une solidarité imparfaite.

Exceptions que peut opposer au créancier le débiteur poursuivi.

Les exceptions que peut opposer au créancier le débiteur poursuivi sont de trois sortes:

1° *Exceptions résultant de la nature de l'obligation.* — Ce sont celles fondées par exemple sur l'inexistence ou la nullité de la dette; elles peuvent être invoquées par tous les débiteurs solidaires.

2° *Exceptions personnelles.* — Ce sont celles tirées d'une cause propre à l'un des codébiteurs. Elles peuvent être invoquées pour le tout par celui à qui elles appartiennent; mais seront-elles refusées à ses codébiteurs? La loi fait une distinction: le codébiteur poursuivi, dit-elle, ne peut opposer les exceptions qui sont purement personnelles à quelques-uns des autres débiteurs.

Ces exceptions purement personnelles n'ont été déterminées nulle part, mais cependant on ne doit regarder comme telles, que les exceptions qui tiennent à la qualité du débiteur. Ainsi, sont purement personnelles, les exceptions tirées de l'état de mineur, de femme mariée, d'interdit, ou bien encore de la cession de biens faite d'après l'art. 1068. Quant aux exceptions personnelles, dans le sens large du mot, elles ne seront jamais, pour le débiteur qui les invoque du chef de l'un de ses codébiteurs, une cause de libération complète, mais elles lui serviront à faire réduire le montant de la demande du créancier jusqu'à concurrence de la part que ce codébiteur doit en définitive supporter dans la dette.

3° *Exceptions communes.* — Les exceptions communes à tous sont celles qui sont tirées de certaines causes légitimes d'extinction de la dette. Mais toutes les causes légitimes d'extinction de la dette ne sont pas des exceptions communes; quelques-unes sont des exceptions personnelles, c'est-à-dire opposables par les autres codébiteurs pour la part de celui à qui elle appartient; d'autres sont purement personnelles. Ainsi, le payement de la dette, la prescription, sont des exceptions communes; il n'en est pas de même de la confusion, de la compensation, de la remise de la solidarité et de la remise de la dette.

Confusion. — La confusion est la réunion en la même personne des qualités de créancier et de débiteur. Lorsque l'un des débiteurs solidaires est devenu l'unique héritier du créancier, la dette n'est point éteinte contre les autres débiteurs; mais ce débiteur devenu héritier du créancier ne peut l'exiger des autres débiteurs que sous la déduction de la part dont il est tenu vis-à-vis d'eux. Il en est de même dans le cas inverse, lorsque le créancier est devenu l'unique héritier de l'un des débiteurs solidaires. Dans le cas où le créancier ne devient héritier que pour partie de l'un des débiteurs, il conserve son action solidaire contre chacun des autres débiteurs, sous la déduction seulement de sa part héréditaire dans celle que son auteur devait supporter en définitive dans la dette; mais contre ses cohéritiers, il n'a qu'une action en proportion de leur part héréditaire dans le total de la dette.

Compensation. — Lorsque l'un des débiteurs solidaires aura opposé, en compensation de la somme qui lui était demandée, une pareille somme que lui devait le créancier, ses codébiteurs seront libérés par cette compensation, comme par le payement réel qu'il en aurait fait. Mais si, au contraire, le créancier s'adresse à un autre débiteur, ce dernier pourra-t-il lui opposer la compensation du chef de son codébiteur? Non, il ne le pourra pas. La loi a dérogé ici au principe suivant lequel la compensation s'opère de plein droit et à l'insu des parties. Il y a deux motifs de cette dérogation : le premier, c'est qu'un débiteur solidaire ne devait pas pouvoir, en opposant au créancier la compensation du chef de son codébiteur, échapper au danger de faire l'avance; car celui que le créancier poursuit est obligé de payer pour tous et n'est pas sûr de recouvrer ce qu'il a déboursé de plus que sa part. Il a bien une action en recours contre ses codébiteurs, mais cette action peut devenir illusoire par le fait de leur insolvabilité. En second lieu, on ne pouvait pas permettre aux codébiteurs solidaires de s'immiscer dans les affaires de l'un d'eux et de l'entraîner quelquefois malgré lui dans un procès.

L'art. 1294 renferme une prohibition absolue, et ses termes précis n'adjugent au débiteur solidaire poursuivi aucune exception, même pour faire retrancher de la chose demandée par le créancier la part que doit supporter, dans la dette, son codébiteur, créancier du créancier. Pothier, tout en consacrant cette opinion, trouvait pourtant l'opinion contraire, soutenue par Domat, bonne à suivre dans la pratique, car elle évite un circuit d'actions.

Remise de la dette. — La remise de la dette faite à tous les débiteurs solidaires les libère tous. Cette remise peut être expresse ou tacite : elle est expresse lorsque le créancier déclare formellement faire à ses débiteurs remise de la dette ; tacite, lorsqu'il leur abandonne le titre de sa créance ; renonçant à tout moyen de preuve, le créancier est censé, aux yeux de la loi, avoir renoncé à sa créance. Il y a plus encore : la remise ou décharge conventionnelle de la dette faite à l'un des débiteurs solidaires, sans réserve de ses droits contre les autres, les libère tous. Pothier était, à ce sujet, moins exprès que le Code : S'il paraît, dit-il, que l'intention du créancier a été d'étendre la dette en total, tous les débiteurs devront être libérés, sinon le créancier conservera contre eux son action solidaire, sous la déduction de la part pour laquelle celui à qui la remise a été faite est tenu vis-à-vis de ses coobligés. Le Code a reproduit ici la théorie de l'acceptilation romaine : par ces mots, *acceptum habeo*, le créancier, reconnaissant avoir reçu le montant de sa créance, ne pouvait plus rien demander à ses autres débiteurs.

Remise de la solidarité. — Les rédacteurs du Code ont, dans ce cas, puisé à une source plus équitable, à la législation prétorienne. Aux termes de l'art. 1210, le créancier qui consent à la division de la dette à l'égard de l'un de ses débiteurs, conserve son action solidaire contre les autres, mais sous la déduction de la part du débiteur qu'il a déchargé de la solidarité ; Pothier disait seulement : « de manière que la décharge qu'il a donnée à l'un d'eux ne puisse préjudicier aux autres. » Il n'est pas facile d'apercevoir les motifs qui ont poussé les rédacteurs du Code à s'écarter de cette opinion ; mais, quoi qu'il en soit, le créancier qui aura fait remise de la solidarité à l'un de ses débiteurs, à la différence de celui qui a fait remise de la dette, aura toujours le droit de demander à chacun des autres le montant de sa créance, moins la part du débiteur déchargé.

La remise de la solidarité peut n'être pas expresse, la loi l'induit de certains actes du créancier : 1° lorsque la quittance, donnée au débiteur qui paye en partie, porte que c'est pour sa part; 2° lorsque le créancier forme contre l'un de ses débiteurs une demande pour sa part et qu'il a été acquiescé à cette demande, ou qu'il est intervenu un jugement passé en force de chose jugée.

RECOURS DES CODÉBITEURS ENTRE EUX.

Le codébiteur solidaire qui a payé toute la dette au créancier a un recours contre ses codébiteurs, car il a fait leur affaire, la dette qu'il a éteinte était la leur comme la sienne. Ce recours, il l'exercera ou par une action qui lui est propre, l'action de mandat, ou par l'action du créancier avec ses gages et hypothèques, suivant que l'une ou l'autre lui semblera plus avantageuse. Mais dans tous les cas, dit l'art. 1214, il ne pourra répéter contre les autres que les parts et portions de chacun d'eux; le contraire amènerait un trop grand circuit d'actions, et du reste le débiteur qui a payé n'a de recours contre ses codébiteurs que parce qu'il a fait leur affaire, et en tant seulement qu'il a fait leur affaire; or, il n'a fait leur affaire que pour la part dont chacun était tenu.

Si parmi les codébiteurs contre qui doit se faire le recours, il s'en trouve un insolvable, la part de ce dernier ne restera pas exclusivement à la charge de celui qui a payé, mais elle se répartira entre lui et les autres débiteurs solvables y compris ceux que le créancier aurait déchargés de la solidarité.

Dans tous les cas précédents, il faut supposer que la dette a été contractée pour une affaire commune; mais il peut se faire qu'elle n'ait été contractée que dans l'intérêt d'un seul des obligés; ses codébiteurs dans ce cas seront réputés cautions. Si donc il désintéresse le créancier, il n'aura rien à demander à ses codébiteurs; si, au contraire, c'est à l'un de ces derniers que s'adresse le créancier, il pourra recourir pour le tout contre son codébiteur, qui a seul profité de l'obligation, et, en cas d'insolvabilité de sa part, contre ses cocautions, chacune pour sa part virile.

DU CAUTIONNEMENT.

(Code Nap., art. 2021-2033.)

NATURE ET ÉTENDUE DU CAUTIONNEMENT.

Un créancier peut avoir des doutes sur la solvabilité future de son débiteur et se préparer à exiger immédiatement le remboursement de sa créance; ou bien une personne peut n'avoir aucun crédit, soit parce que ses immeubles sont insuffisants à fournir au créancier une garantie solide, soit que sa fortune actuelle consiste en biens meubles, qui, à raison de la facilité avec laquelle ils peuvent être aliénés, n'inspirent jamais grande confiance. La loi permet alors, dans le double but de protéger le créancier contre l'insolvabilité de son débiteur et d'augmenter le crédit de ce dernier, l'intervention d'une tierce personne, qui promet au créancier qu'elle satisfera à l'obligation du débiteur, si celui-ci n'y satisfait pas lui-même. Cette tierce personne est une caution, et le contrat qui se forme entre elle et le créancier prend le nom de cautionnement.

Le cautionnement est donc un contrat :

1° Consensuel;

2° Unilatéral, car le créancier et le débiteur ne s'engagent à rien envers la caution;

3° Accessoire.

Du principe que le cautionnement est un contrat accessoire, il résulte qu'il ne peut se former s'il n'a pour objet la garantie d'une obligation valable. L'obligation de la caution est la même que celle du débiteur principal, elle arrive entre ses mains avec tous les éléments bons ou mauvais qu'elle renferme. Si l'obligation est valable, quelle qu'elle soit, elle peut être cautionnée valablement ; mais si elle est entachée de dol, de violence, d'erreur, elle ne peut pas plus être cautionnée que si elle était radicalement nulle. La caution peut opposer au créancier toutes les exceptions *rei cohærentes*, c'est-à-dire celles attachées à l'obligation ; si au contraire l'exception est personnelle au débiteur, c'est-à-dire attachée à sa personne, ce débiteur seul pourra s'en prévaloir ; cette distinction de la loi est fondée sur ce principe que chacun peut facilement connaître l'état des personnes, tandis qu'il est presque toujours impossible de connaître d'une manière certaine les vices d'une obligation dans laquelle on n'a pas été partie.

Du principe que le cautionnement est un accessoire de l'obligation principale, il résulte encore que la caution ne peut pas promettre plus que ce qui est dû par le débiteur principal, ni s'engager plus durement que lui ; par exemple purement et simplement ou conjointement quand le débiteur principal ne doit qu'à terme ou sous condition, ou sous une alternative. Si la caution s'est engagée à payer dans un lieu autre que celui où le débiteur doit effectuer le payement, les juges pourront, suivant les circonstances, estimer que le cautionnement renferme plus que l'obligation principale. Dans tous ces cas, le cautionnement n'est absolument nul que pour ce dont il excède l'obligation principale, il est valable quant au surplus.

Si la caution ne peut s'engager sous des conditions plus dures que celles sous lesquelles s'est engagé le débiteur, ceci ne doit s'entendre que par rapport à ce qui est dû, et non par rapport aux moyens d'exécution auxquels elle se soumet. La caution peut donc être tenue par un lien plus énergique et plus efficace que le débiteur principal, par exemple, être soumise à la contrainte par corps, quoique celui qu'elle a cautionné en soit à l'abri, ce qui peut arriver dans le cas de caution judiciaire.

Le cautionnement peut au contraire être contracté pour une partie de la dette ou sous des conditions moins onéreuses que celles portées dans l'obligation principale.

Le cautionnement est, le plus souvent du moins, un acte de bienfaisance; aussi ne doit-on jamais le présumer; il faut qu'il soit formellement établi.

On ne doit pas l'étendre non plus au delà des limites dans lesquelles il a été contracté. Mais quand on ne lui a pas assigné de limites, dans le cas où il est indéfini, s'appliquera-t-il indistinctement à la dette et à ses accessoires? L'art. 2016 met à sa charge la dette et tous ses accessoires, même les frais que le créancier a faits pour faire exécuter l'obligation. Remarquons pourtant que les frais postérieurs à la demande ne sont à la charge de la caution qu'autant que cette demande lui a été dénoncée. La loi ne pouvait pas la rendre victime de l'entêtement du débiteur, et mettre à sa charge des frais qu'elle eût évités en désintéressant le créancier.

Le cautionnement peut s'appliquer non-seulement à une dette principale, mais encore à l'obligation d'une caution. Celui qui cautionne une caution s'appelle certificateur de la caution.

Lorsqu'un débiteur est tenu de donner caution à son créancier, soit en vertu d'une promesse, ou d'un jugement, ou d'un article de loi, il doit en fournir une qui présente pour le créancier une garantie efficace. Ainsi :

1° Elle doit être capable de s'obliger;

2° Être solvable; la solvabilité est pour le créancier la principale qualité de la caution; aussi la loi a-t-elle voulu que cette solvabilité ne fût pas établie à la légère, mais sur des bases certaines et stables, et ne s'estimât que eu égard aux biens immeubles, non litigieux, et assez rapprochés pour que la discussion n'en soit pas difficile. Quant aux biens meubles, ils ne servent à établir la solvabilité d'une caution qu'en matière commerciale, ou lorsque la dette est modique.

3° La caution doit en outre être domiciliée dans le ressort de la cour d'appel où elle doit être donnée. Cette disposition de la loi a pour but d'éviter les poursuites ruineuses qui seraient occasionnées par une trop longue distance et pourraient absorber une partie des biens de la caution.

Lorsque la caution, solvable au moment où elle a été reçue par le créancier, devient ensuite insolvable, le débiteur est tenu d'en fournir une autre. Le créancier, en effet, n'a accordé crédit au débiteur qu'à la condition qu'une caution solvable lui serait assurée. Cette obligation ne cesse, pour le débiteur, qu'au cas où c'est le créancier lui-même qui a exigé telle personne pour caution.

Il y a trois espèces de cautions : caution conventionnelle, légale, judiciaire.

Caution conventionnelle. — En empruntant une somme, je donne caution pour sûreté de cette somme.

Caution légale. — Le débiteur est obligé par la loi à fournir cette caution : telle est la caution que doivent fournir les envoyés en possession provisoire, l'usufruitier, l'héritier bénéficiaire et le mari, dans le cas prévu par l'art. 1518.

Caution judiciaire. — Telle est la caution qui doit être donnée lorsque le tribunal ordonne l'exécution provisoire de son jugement, nonobstant appel ou opposition; telle est encore la caution qui doit être fournie dans le cas de l'art. 417 du Code de procédure.

EFFET DU CAUTIONNEMENT ENTRE LE CRÉANCIER ET LA CAUTION.

Il n'est pas nécessaire, pour que le créancier puisse agir contre la caution, qu'il ait déjà dirigé ses poursuites contre le débiteur principal. Par cela seul que ce dernier ne paye pas, l'action dirigée contre la caution est valablement intentée. Ce système est sans doute rigoureux. Aussi la loi permet-elle à la caution de faire suspendre l'action du créancier contre elle et de le forcer à discuter préalablement les biens du véritable obligé. Ce bénéfice, emprunté à la législation de Justinien, se nomme bénéfice d'ordre ou de discussion.

Pour pouvoir user de ce bénéfice la caution doit :

1° L'opposer avant toute autre défense, à moins qu'elle ne commence par nier sa qualité de caution ou que les biens dont elle demande la discussion ne soient échus au débiteur depuis la contestation en cause;

2° Indiquer au créancier les biens meubles ou immeubles du débiteur principal, à l'exception, toutefois :

1° Des biens situés hors du ressort de la cour d'appel du lieu où le payement doit être effectué;

2° Des biens litigieux;

3° Des biens hypothéqués à la dette, aliénés par le débiteur et possédés par un tiers détenteur;

3° Faire l'avance des deniers nécessaires à la discussion.

Lorsque la caution a rempli ces conditions, le créancier a un grand intérêt à poursuivre immédiatement le débiteur principal; car, s'il négligeait de le faire, il serait vis-à-vis de la caution responsable de l'insolvabilité future du débiteur, jusqu'à concurrence des biens indiqués.

Le bénéfice de discussion n'est pas accordé à toutes les cautions; ainsi n'en profitent pas : les cautions qui y ont renoncé, les cautions judiciaires, les cautions solidaires, les cautions de dettes commerciales.

Lorsque plusieurs personnes ont cautionné le même débiteur pour la même dette, elles sont toutes tenues *in solidum* vis-à-vis du créancier, qui peut agir pour le tout contre celle qu'il lui plaît de choisir. Mais la caution ainsi poursuivie pourra opposer au créancier une exception dite bénéfice de division d'actions, et exiger de lui qu'il divise son action entre tous les fidéjusseurs solvables, chacun pour sa part et portion. Le Tribunat aurait voulu voir proclamer purement et simplement le principe de la divisibilité de la dette entre les cofidéjusseurs; si ce système eût été admis, le créancier qui a exigé plusieurs cautions pourrait avoir moins de garantie que celui qui n'en a qu'une seule, mais bonne et solvable, puisqu'au cas d'insolvabilité de l'une d'elles, il ne pourrait agir contre les autres que pour leur part et portion. La division ne doit s'opérer qu'entre cautions solvables; on voit par là qu'il est très-important de déterminer le moment précis où elle s'opère: la division remonte au jour de la demande, et les insolvabilités survenues depuis la demande et avant la prononciation de la division sont à la charge du créancier. Les jugements sont, en effet, déclaratifs de droits préexistants et non attributifs; et du reste la caution ne doit pas être victime du mauvais vouloir du créancier; elle doit avoir les mêmes avantages qu'elle aurait eus s'il eût été acquiescé tout d'abord à sa demande. Le Code semble exiger que la caution poursuivie pour le tout ne tarde pas à opposer l'exception de division, car il dit « que le créancier divise préalablement son action. » On comprend du reste que la caution qui différerait d'opposer ce bénéfice au créancier qui la poursuit pour le tout, devrait être considérée comme y ayant renoncé.

Si le créancier divise volontairement son action contre les

cautions, il les décharge par là de l'espèce de solidarité qui existe entre elles; il n'est plus dès lors admis à revenir contre cette division, quoiqu'il y eût, même antérieurement au temps où il l'a ainsi demandée, des cautions insolvables.

Les cautions peuvent renoncer au bénéfice de discussion. La renonciation peut être expresse ou tacite : elle est expresse, lorsque les cautions y renoncent formellement; tacite, lorsqu'elles se sont obligées solidairement avec le débiteur principal ou entre elles.

DES RAPPORTS DE LA CAUTION AVEC LE DÉBITEUR.

Lorsque la caution a libéré le débiteur à ses dépens, elle a, de son chef, pour recourir contre lui, l'action *mandati contraria*, si elle s'est obligée du consentement du débiteur; si c'est au contraire à son insu, elle se servira de l'action *negotiorum gestorum*.

Outre l'action de mandat ou de gestion d'affaires, la caution aura encore l'action du créancier avec tous ses gages et hypothèques. Cette subrogation s'opère de plein droit au profit de la caution par le seul effet du payement. Chacune de ces actions a ses avantages, et devra être choisie préférablement, suivant les circonstances.

Le débiteur principal est-il solvable, la caution choisira l'action *mandati contraria* ou l'action *negotiorum gestorum*, actions chirographaires qui lui assurent l'intérêt de ses déboursés du jour où le payement a été fait. Dans le cas où le débiteur serait devenu insolvable, si la créance est garantie par des gages et hypothèques, l'action du créancier devra être préférée.

La caution peut même, quoiqu'elle n'ait rien déboursé, demander le montant de la dette au débiteur, lorsque le créancier lui a fait remise de la dette à titre de libéralité.

La caution a droit de réclamer :

1° Tout ce qu'elle a payé au créancier à la décharge du débiteur.

2° Les frais de l'assignation formée contre elle par le créancier, et ceux faits postérieurement, si elle a dénoncé au débiteur les poursuites dirigées contre elle.

3° Les intérêts de ses déboursés à partir du jour où elle les a faits, ou du jour de la demande, suivant qu'elle agit par l'action qui lui est propre ou par celle du créancier;

4° Des dommages et intérêts s'il y a lieu : par exemple, si ses biens ont été vendus ou si sa personne a été incarcérée, dans le cas où elle était soumise à la contrainte par corps, faute par le débiteur de lui avoir rendu son argent. Les dommages et intérêts peuvent être exigés lors même que l'obligation aurait pour objet une somme d'argent; la caution peut donc cumuler l'intérêt légal de son argent et des dommages et intérêts. C'est une exception au principe posé par l'art. 1153. Remarquons que les dommages et intérêts ne seront alloués à la caution que si elle agit par l'action qui lui est propre, c'est-à-dire en invoquant l'art. 2028.

Lorsque la même personne a cautionné plusieurs débiteurs solidaires, elle peut répéter contre chacun d'eux la totalité de ce qu'elle a payé. L'art. 2030, qui lui donne ce droit, n'est qu'une reproduction de l'art. 2002, qui veut que ceux qui donnent conjointement mandat soient tenus solidairement envers le mandataire. Si la caution n'avait cautionné que l'un ou quelques-uns des débiteurs solidaires, elle n'aurait de recours pour la totalité que contre ceux qu'elle a cautionnés; elle ne pourrait recourir contre les autres que pour leur part, en vertu de l'article 1166. Enfin, si les débiteurs cautionnés n'étaient pas solidaires, la caution n'aurait de recours contre chacun d'eux que pour leur part respective.

Une caution ne doit jamais payer imprudemment, sans en prévenir le débiteur principal; autrement elle pourrait s'exposer à payer une dette éteinte et à n'avoir aucun recours contre ce débiteur. C'est ce qui arrive dans les cas prévus par l'art. 2031 : 1° lorsque la caution a payé une première fois et n'en a pas prévenu le débiteur qui a payé de nouveau.

2° Lorsque n'étant pas poursuivie, elle a payé sans en prévenir le débiteur principal, dans le cas où ce dernier aurait eu, au moment de la demande, des moyens de faire déclarer la dette éteinte; dans ces deux cas la caution n'a qu'une action *indebiti* contre le créancier.

La caution peut agir contre le débiteur principal, même avant d'avoir payé le créancier, et l'assigner pour obtenir contre lui une condamnation dans les cas suivants :

1° Lorsqu'elle est poursuivie en justice pour le payement, elle peut appeler son débiteur en cause, soit afin qu'il la défende contre le créancier, soit pour faire statuer sur son recours contre lui, en cas de condamnation ;

2° Lorsque le débiteur fait faillite ou est en déconfiture; si le créancier ne se présente pas à la faillite, elle pourra s'y présenter à sa place et exercer ses droits;

3° Lorsque le débiteur s'est obligé de lui rapporter sa décharge dans un certain temps;

4° Lorsque la dette est devenue exigible par l'échéance du terme sous lequel elle avait été contractée ; dans ce cas, en effet, il y avait entre le débiteur et la caution convention tacite que la durée de l'engagement de la caution ne dépasserait pas le terme convenu pour l'exigibilité de la dette.

5° Au bout de dix années, lorsque l'obligation principale n'a point de terme fixé d'avance; la caution ne doit pas, en effet, rester indéfiniment tenue d'une obligation qui n'est pas la sienne. Mais remarquons que l'expiration de ce délai de dix ans ne décharge pas de plein droit la caution; celle-ci aura seulement le droit de contraindre le débiteur à lui procurer sa libération.

Si cependant l'obligation était telle qu'elle ne dût cesser que dans un certain temps déterminé, la caution ne pourrait pas requérir sa décharge avant ce temps, car elle a dans ce cas connu l'étendue de l'engagement qu'elle contractait: ainsi la caution d'un tuteur a dû savoir, en s'obligeant, combien durerait la tutelle, et par cela même l'obligation du tuteur

DE L'EFFET DU CAUTIONNEMENT ENTRE COFIDÉJUSSEURS.

Lorsque plusieurs personnes se portent caution d'un même débiteur, elles s'obligent chacune à toute la dette, et dans le cas où le créancier s'adresse à l'une d'elles et en obtient un payement intégral, celle-ci peut exercer un recours contre ses cocautions. Il ne serait pas juste en effet, le débiteur devenant insolvable, qu'elle supportât seule le poids d'une dette à laquelle elles étaient obligées aussi bien qu'elle. Elle peut exercer deux actions différentes: l'une provenant de son chef, l'action *negotiorum gestorum*; l'autre, venant de la subrogation, du chef du créancier payé.

La caution qui a payé dans l'un des cas énumérés par l'article 2032, ne pourra agir contre chacune des autres cautions que pour sa part et portion. Si l'une des cocautions contre lesquelles le recours doit s'exercer est devenue insolvable, cette perte doit se répartir contributoirement entre celle qui a payé et les autres cautions solvables.

DE L'EXTINCTION DU CAUTIONNEMENT.

Le cautionnement s'éteint par les mêmes causes que l'obligation principale ; il s'éteint aussi par des causes qui lui sont propres :

1° Lorsque le créancier ne peut, par son fait, subroger la caution dans les droits, privilèges et hypothèques qu'il avait contre le débiteur; ainsi si le créancier fait au débiteur une remise de son hypothèque, s'il laisse prescrire l'immeuble hypothéqué par un tiers détenteur, la caution doit être déchargée; car si elle a bien voulu accéder à l'obligation du débiteur, c'était en considération des sûretés que possédait le créancier, sûretés dont elle aurait été investie dans le cas où elle aurait payé à la place du véritable obligé.

2° Lorsque le créancier a consenti à recevoir en payement une chose autre que celle qui lui est due, encore qu'il vienne à être évincé de la chose reçue; la caution se croyant libérée a dû négliger de prendre des mesures conservatoires contre l'insolvabilité du débiteur.

Le cautionnement s'éteint par confusion lorsque le débiteur devient héritier pur et simple de la caution, et réciproquement lorsque la caution devient héritière du débiteur. Si dans ce cas il y avait un certificateur de la caution, il demeurerait obligé nonobstant la confusion. Le cautionnement s'éteint également par confusion si le créancier devient héritier pur et simple de la caution, et réciproquement; dans tous ces cas l'obligation principale subsiste. Mais si le créancier devient héritier pur et simple du débiteur, ou celui-ci du créancier, la confusion éteint l'obligation principale et l'obligation accessoire.

Dans le cas où un nouveau terme serait accordé au débiteur par le créancier, la caution ne serait pas libérée ; elle aurait seulement le droit de forcer le débiteur à lui procurer sa décharge, soit en l'obtenant du créancier, soit en le désintéressant.

DE LA CAUTION LÉGALE ET DE LA CAUTION JUDICIAIRE.

Les cautions qui sont données, soit en vertu d'une décision judiciaire, soit en vertu de la loi, sont soumises aux mêmes règles que celles qui sont données en vertu d'une convention; quelques règles leur sont pourtant particulières :

1° La caution judiciaire peut n'être pas acceptée lorsqu'elle ne se soumet pas à la contrainte par corps;

2° Celui qui est obligé de fournir une caution judiciaire ou une caution légale est reçu, s'il ne peut en trouver une, à donner, à la place, un gage ou un nantissement suffisant. Une hypothèque peut bien aussi remplacer la caution, du moins les termes très généraux de l'art. 2041 permettent d'entendre le mot *gage* dans un sens large, dans le sens de l'hypothèque ;

3° Le bénéfice de discussion est refusé à la caution judiciaire; il est même refusé à celui qui a simplement cautionné la caution judiciaire.

QUESTIONS.

I. Quand la loi prononce la solidarité entre plusieurs débiteurs, faut-il entendre une solidarité parfaite ? — Non.

II. Le débiteur solidaire poursuivi peut-il invoquer la compensation jusqu'à concurrence de la part que doit supporter dans la dette solidaire son codébiteur devenu créancier du créancier ? — Non.

III. Lorsqu'une obligation solidaire a été contractée avec clause pénale, si l'objet de l'obligation vient à périr par la faute ou pendant la demeure de l'un des débiteurs, les autres sont-ils tenus solidairement de la clause pénale ? — Oui.

IV. Le débiteur solidaire qui a désintéressé le créancier peut-il réclamer à ses codébiteurs les intérêts que chacun d'eux doit supporter dans la dette ? — Oui.

V. Le créancier peut-il agir directement contre la caution avant toute poursuite contre le débiteur ? — Oui.

VI. La division remonte-t-elle, quant à ses effets, au jour de la demande ? — Oui.

VII. Celui qui a cautionné une rente viagère peut-il demander sa libération au bout de dix ans ? — Non.

VIII. Celui qui s'est porté caution malgré le débiteur a-t-il un recours contre lui ? — Oui.

IX. Les remises concédées par un concordat à un failli profitent-elles à la caution ? — Non.

X. Une remise faite, *animo donandi*, au débiteur, sous la condition qu'elle ne profitera pas à la caution, libère-t-elle cette dernière ? — Oui.

Vu par le Président de la thèse,
ROYER-COLLARD.

Vu par le Doyen,
C.-A. PELLAT.

www.ingramcontent.com/pod-product-compliance
Lightning Source LLC
LaVergne TN
LVHW010309230826
846091LV00007BB/2794

* 9 7 8 2 0 1 9 9 9 7 1 3 7 *